AF509392

SPECTACLES

Enfantins

PAR

ALBERT CIM

ALBUM CONTENANT

26 Dessins en couleurs

ET

33 Dessins en noir

PAR

GERBAULT et JOB

PRIX 4.00

PARIS

LIBRAIRIE HACHETTE ET Cie

79, BOULEVARD SAINT-GERMAIN, 79

Mon Premier Bal

Appuyée sur le bras de son petit frère Léon et précédée de son grand frère Félix, Simonne de Lignières fait son entrée dans le salon, où André et Emma Desgranges attendent leurs invités.

Elle est bien gentille, Simonne, dans son costume d'abeille, avec sa courte jupe pailletée d'or, et, comme elle est aussi bonne que gracieuse, elle a accepté sans honte le bras de M. Léon, bien que M. Léon ne soit qu'un pauvre petit ramoneur. C'est lui-même qui a choisi ce déguisement : il aime tant les bons petits Savoyards, M. Léon!

Quant à Félix, qui ouvre la marche, il porte la perruque blanche et le chapeau pointu du magicien.

Derrière eux viennent, costumés en Pierrot, en Auguste et en conscrit, trois frères, les petits Germond, amis d'André Desgranges.

Beaucoup des invités sont arrivés déjà, et Simonne, à peine entrée, assiste à une scène des plus amusantes et qui la fait rire aux larmes.

C'est un garde national qui, ayant sans doute oublié son mouchoir, ou n'ayant pas de poches pour le mettre, est en train de recourir aux bons offices d'une complaisante belle dame.

Il s'agit encore de mouchoir dans une autre aventure, qui se passe à quelques pas de là. Pendant que Robert Macaire et le gendarme trinquent devant le buffet comme deux vieux camarades, Bertrand s'en va tout doucement par derrière explorer les poches du représentant de l'autorité, et vous voyez ce qu'il en retire.

Mais la fête commence. De toutes parts, des quadrilles se forment. Voici l'illustre seigneur Barbe-Bleue qui s'avance. Il paraît s'être bien radouci, le terrible sire, et, loin de songer à présent à assassiner les dames, il n'est plus occupé qu'à les faire danser. Il tient par la main une timide Alsacienne et un gentil petit « moulin à vent », bien drôle avec sa rose des vents sur sa jupe. Un fier Cosaque du Don fait vis-à-vis à M. Barbe-Bleue et à ses deux compagnes. Dans un autre quadrille, un

Incroyable ne craint pas de se mésallier avec une paysanne en sabots et un petit rustre en bonnet de coton.

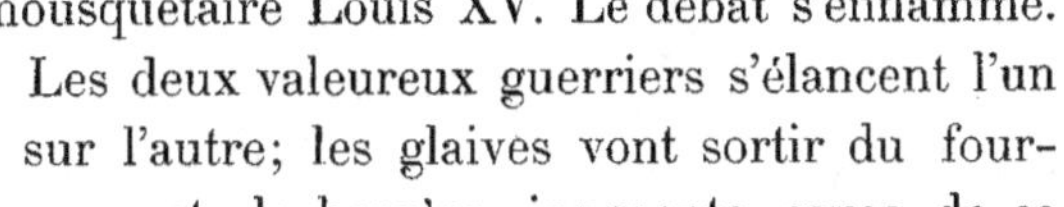

Quel est ce bruit qui s'élève soudain? Une querelle? Oui! C'est une bergère que se disputent un audacieux petit zouave et un non moins intrépide mousquetaire Louis XV. Le débat s'enflamme.

Les deux valeureux guerriers s'élancent l'un sur l'autre; les glaives vont sortir du fourreau, et la bergère, innocente cause de ce massacre, se voile déjà la face et, se retirant du champ de bataille, se met à fondre en larmes...

Mais un flot de danseurs survient tout à fait à propos, et sépare et disperse nos combattants.

Le terrible zouave se trouve poussé du côté d'une vive et sémillante cantinière, auprès de qui il oublie bientôt son courroux; M. le mousquetaire fait la rencontre d'une soubrette, à qui il s'empresse de demander un tour de valse; et notre bergère éplorée se console en voyant accourir vers elle M. Guillot, berger du troupeau voisin du sien, aimable et pai-

sible compagnon qu'elle n'aurait jamais dû quitter, et qui, ému d'attendrissement et de joie, l'entraîne dans un étourdissant rigodon.

Avec quel entrain Mlle Lettre-Chargée polke avec M. Carte-à-Jouer, et ce conscrit de village avec sa Polonaise, et cette mignonne pâtissière avec ce bon gros clown, et cette Suissesse aux longues nattes flottantes avec ce hardi montagnard !

« Mademoiselle voudrait-elle me faire l'honneur de m'accorder une contredanse ? » demande un jeune Écossais à Mlle Kate Greenaway.

Et il s'incline bien respectueusement devant elle.

Mlle Kate Greenaway n'aurait pas la cruauté de refuser une aussi courtoise et galante invitation ; d'ailleurs elle adore le bal, et a la réputation d'être une excellente danseuse. Elle tient cependant à prévenir M. Mac-Ferlane qu'il occupe le vingt-cinquième rang sur son carnet.

Il faudra vous armer de patience, mon cher Monsieur Mac-Ferlane !

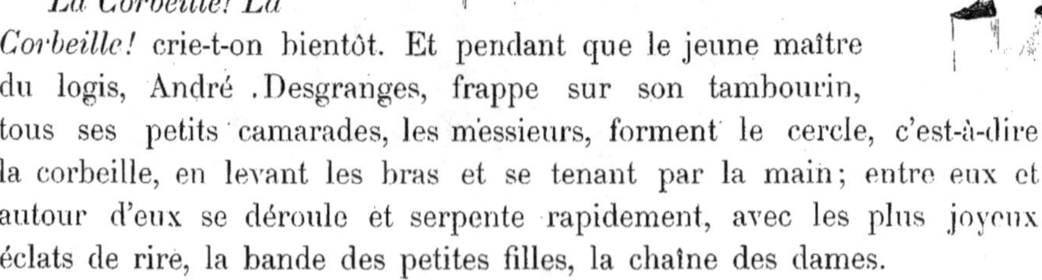

La Corbeille ! La Corbeille ! crie-t-on bientôt. Et pendant que le jeune maître du logis, André .Desgranges, frappe sur son tambourin, tous ses petits camarades, les messieurs, forment le cercle, c'est-à-dire la corbeille, en levant les bras et se tenant par la main ; entre eux et autour d'eux se déroule et serpente rapidement, avec les plus joyeux éclats de rire, la bande des petites filles, la chaîne des dames.

Mais encore des cris? Encore une dispute? C'est M. Mathurin qui s'est glissé au buffet et y a fait une station un peu trop prolongée. Il est

tout débraillé, M. Mathurin, et va perdre son chapeau; il a peine à se tenir debout, titube et gesticule en chantant à tue-tête. Et il n'a pas une belle voix, M. Mathurin, oh non! Il chante faux, faux comme un jeton!

Comme s'il n'avait pas encore assez bu et risquait d'avoir soif en route, il a eu la précaution d'emporter un verre de champagne, une flûte, qu'il brandit comme un bâton, et dont il a déjà répandu à terre les trois quarts du contenu.

C'est bien vilain, Monsieur, et si l'officier de quart vous apercevait en cet état....

A défaut d'officier, un policeman apparaît, et, pour mettre fin au vacarme, s'empresse d'arrêter M. Mathurin et le conduit au poste.

Décidément ce coin de la fête est cher à la jeune Angleterre. Non loin de notre policeman, un *horse-guard* se dresse, les poings sur les hanches, le béret de côté, « à la crâne », et la jugulaire au-dessus du menton. Il est escorté d'une élégante marquise et de deux délicieuses petites Kate Greenaway, qui, du bout de leurs doigts mignons, pincent et relèvent délicatement leurs robes, à l'antique mode, et s'apprêtent à faire une ronde.

Elle se terminera, cette ronde, par une farandole générale, une course folle, fatale aux meubles de l'appartement, fatale aussi aux clowns imprudents qui veulent trop faire parade de leur agilité. Voyez-le, celui-ci, choir à la renverse, presque aux pieds de Napoléon, qui, les mains derrière le dos, assiste impassible au vertigineux défilé.

Mais, tout sévère et rigide qu'il est, ce petit caporal à la redingote grise ne sera pas le dernier à se précipiter vers le buffet, lorsqu'on en donnera la permission, et saura bien prélever sa part de gâteaux. Il n'aura besoin pour cela ni des exhortations de ce garde champêtre qui témoigne tant d'entrain, symptôme d'un excellent appétit, ni surtout de l'exemple de ce campagnard endimanché et aussi maladroit que gourmand, qui, au lieu d'attendre qu'on le serve, bouscule ses voisins et démolit une pile de biscuits.

« Alors, c'est à la fête de Saint-Cloud que nous allons? » dit l'oncle Jules à son neveu et filleul André.

L'oncle Jules, qui est officier de marine et n'a pas souvent occasion de venir à Paris, a voulu faire grand plaisir à André. Après l'avoir invité à déclarer ce qu'il désire le plus qu'on lui achète, si c'est un cheval, une maison ou une locomotive, il lui a proposé de le conduire où il voudrait.

« Ou plutôt, a-t-il ajouté, c'est toi qui me mèneras : je te laisserai faire. »

Et André a choisi la fête de Saint-Cloud, qui est alors dans tout son plein.

Bien entendu, Emma est de la partie : l'oncle Jules n'aurait pas eu la cruauté de la laisser au logis.

**

Tous les trois s'en vont donc prendre le bateau-mouche, et, après une heureuse traversée, descendent au pied du pont, devant le parc où se tient la fête.

Le voyage a donné de l'appétit à André, qui, en passant devant un marchand de galette, tire son oncle par la manche.

« Oncle Jules! Emma aime beaucoup la galette,... et celle-ci paraît si bonne! »

Elle sortait du four, et elle fut trouvée excellente en effet, cette galette; aussi on s'en régala.

Mais la galette altère; l'oncle Jules ne l'ignorait pas, et il s'empressa de faire asseoir ses deux invités sous une tente rustique et de leur faire servir à l'un un verre de bière — un « bock », comme à un homme, — à l'autre un verre de sirop de groseille. Puis on se remit en marche.

André, à qui son oncle laissait scrupuleusement remplir les fonctions de pilote, se dirigea naturellement vers l'endroit le plus bruyant, celui d'où partait une assourdissante musique, dans laquelle tous les instruments à cordes et à vent semblaient réunis et confondus. C'était l'orchestre d'un manège de chevaux de bois. On s'approche, et André ne peut résister à l'envie qu'il éprouve d'enfourcher un de ces superbes coursiers et d'essayer son adresse au jeu de bagues.

Une longue baraque fait suite à la rotonde des chevaux de bois : c'est le « Théâtre Corvi », le théâtre des animaux savants. Cette fois, André n'a pas besoin de recourir à Emma et de la prendre pour prétexte : elle-même la première manifeste sa curiosité et proclame la joie qu'elle aurait d'assister à la représentation.

Elle commence justement, la séance, et, comme le fait remarquer avec beaucoup d'à-propos un jeune homme costumé en marquis Louis XV et qui se tient à la caisse :

« On n'a pas l'inconvénient d'attendre, Mesdames et Messieurs ! »

Une troupe de singes gambadent à travers la scène, et, sur l'ordre de leur maître, vont s'asseoir à une table toute dressée. On va leur servir à manger, et ils se démènent d'impatience, heurtent contre la table leurs gobelets et leurs assiettes de métal. Enfin le cuisinier apparaît, chargé de victuailles, et sa vue provoque aussi bien la jubilation des convives que l'hilarité et les applaudissements des spectateurs. Il a une si drôle de mine, ce singe tout habillé de blanc, déguisé en marmiton !

Les chiens ont hâte, eux aussi, de montrer leur savoir. Parmi eux, il en est un, le célèbre caniche Turco, à qui son maître, le clown de l'endroit, a appris à valser, à faire l'exercice, à se balancer au trapèze, et qui sait même compter jusqu'à dix avec sa patte. Il frappe un coup, deux coups, trois coups... Il est charmant à voir, aussi l'assistance ne se lasse pas de l'acclamer.

La représentation terminée, on reprend la promenade à travers la fête.

Les hautes balançoires et les montagnes russes ne tentent pas Emma, et comme André, sans oser l'avouer, partage les mêmes appréhensions, l'oncle Jules n'insiste pas, et l'on se borne à suivre du regard les rapides ascensions et les vertigineuses descentes des amateurs.

Une petite fille attire particulièrement l'attention d'Emma et la fait rire aux larmes.

« Vois donc! Vois donc! La petite qui descend là, à gauche! » s'écrie-t-elle en la montrant à André.

Ce n'est cependant pas bien de se réjouir ainsi du malheur d'autrui. Cette pauvre enfant, installée avec sa grande sœur, dans un des sièges de la roue tournante, risque à chaque instant de voir son chapeau s'envoler et n'ose cesser de le tenir, le quitter une seconde. La grande sœur elle-même a tout l'air de s'amuser de l'embarras de la pauvre fillette.

Et les tourniquets remplis de pain d'épice ou surchargés de porcelaines? Ils abondent dans la fête. Il y en a même qui, à côté de « pavés » de Reims et de nonnettes de Dijon, contiennent des lapins vivants. André demande à faire tourner un de ces disques, et du premier coup il gagne précisément un lapin, un joli petit lapin blanc, que l'oncle Jules lui persuade, mais non sans peine, d'échanger contre un magnifique bâton de sucre de pomme, aussi richement enguirlandé et presque aussi haut qu'une canne de tambour-major.

« Ce sera moins embarrassant à rapporter à la maison qu'un lapin, lui affirme-t-il, qu'un lapin vivant surtout ! »

Non loin de là, une voix éraillée et stridente retentit sans relâche, dominant le vacarme d'un orchestre de parade :

« Entrrrez, Mesdames et Messieurs ! Entrrrez ! Venez voir ce que vous ne verrez nulle part ! Ce qui est unique au monde ! Le grrrand géant Ferragus, héritier direct du fameux Goliath, dont vous n'êtes pas sans avoir entendu parler, et son jeune ami, le nain Perlimpinpin, petit-fils du non moins célèbre Tom Pouce !

« Entrrrez, Mesdames et Messieurs ! Suivez la foule ! Prrrenez vos billets ! Prrrenez vos billets ! »

C'est le pitre du « Grand Palais des Merveilles ». Hélas ! il a beau gesticuler et vociférer, la « foule » ne s'empresse guère de gravir les marches du « Palais », elle se contente d'écouter la musique et de regarder la parade.

« Voyons, André, seras-tu aussi adroit ici qu'au jeu de bagues? dit l'oncle Jules en s'arrêtant devant une longue boutique qui porte pour enseigne : « Au grand Massacre des Innocents ».

André réussit encore mieux là que tout à l'heure : chaque boule qu'il lance renverse un des grotesques personnages plantés devant lui. Bientôt il n'en reste plus un seul debout. Les promeneurs qui, peu à peu attirés par les prodiges de notre héros, se sont groupés devant la baraque, ne peuvent s'empêcher d'applaudir et de le féliciter. André est tout fier de son triomphe : il sourit, se rengorge...

L'oncle Jules estime qu'une leçon de modestie ne serait pas inutile à son jeune neveu et filleul. Il lui montre la « Tête de Turc » sur laquelle les passants sont invités à essayer leur force, et lui met le maillet en mains. Mais André a peine à le soulever, ce maillet, et il a beau le laisser retomber sur le crâne du Turc, frapper tant qu'il peut, il ne parvient pas à chasser le petit cylindre ou « curseur » et à le faire monter dans la rainure de l'échelle graduée.

« Voilà qui te prouve, mon ami, que tu n'es pas encore tout à fait un homme ! »

Mais André ne veut pas s'avouer vaincu.

« C'est que je me suis trop fatigué au jeu de massacre ! réplique-t-il. Sans cela, tu aurais vu, oncle Jules ! Tu aurais vu comme je suis fort ! »

Notre Concours Hippique

« Puisque nos parents sont allés passer l'après-midi au concours
hippique et que nous sommes seuls, s'écria André Desgranges, pourquoi
n'essaierions-nous pas de nous procurer les mêmes distractions qu'eux?
Vous avez entendu ce que nous a dit papa en s'en allant : « Vous voici
« les maîtres du logis! Amusez-vous bien ! »

— Oui, mais maman a ajouté : « Surtout soyez sages !» interrompit
Emma.

— Nous serons sages, très sages, repartit André; mais cela ne doit
nullement nous empêcher de suivre le conseil de papa.
Eh bien, je vous proposerai d'assister, nous aussi,
à un concours hippique, ou plutôt d'en orga-
niser un, ici, chez nous ! »

Aussitôt Félix et Léon de Lignières, leur
sœur Simonne, les petits Germond, les amis
d'André et les amies d'Emma s'écrièrent,
en battant des mains à qui mieux mieux :

« C'est cela! C'est cela! Un concours
hippique! Quelle bonne idée ! »

On rassemble bien vite tout ce qu'on peut trouver dans la
maison de chevaux — chevaux de carton ou de bois peint, — et

d'équipages en miniature.

On caresse ces fringants coursiers, et on leur offre même, pour stimuler davantage leur zèle, quelques petits morceaux de sucre.

Le jury est formé. Dans l'assistance on remarque Mlle Lucile, qui n'a pas voulu se séparer, même pour un instant, de sa chère poupée, malgré les avertissements et les rires du beau Gaston. Il a tout à fait l'air d'un vrai « sportsman », M. Gaston, avec sa canne au port d'armes, son chapeau légèrement incliné, et sa fleur à la boutonnière.

Le défilé commence. René Germond entraîne bravement son fier destrier; son ami Adrien le suit sans encombre; mais la pauvre petite Lili, qui a voulu à toute force figurer dans le cortège, est bien embarrassée : elle a un cheval rétif, qui se cabre et refuse d'avancer.

Au défilé succède le grand « steeple-chase », c'est-à-dire la course à travers champs, la « course au clocher », avec saut des obstacles rencontrés, — qui n'est pas sans quelque péril pour des cavaliers aussi inexpérimentés et surtout des montures aussi rebelles. Plaignez le malheureux Marcel qui n'a pas pu franchir cette haie sans toucher terre : il s'est sûrement écrasé le nez.

Voici maintenant l'exhibition des voitures : charrette, omnibus, victoria, jusqu'à une simple

brouette, dans laquelle la bonne petite Claudine a assis M. Polichinelle, et qu'elle traîne gravement.

Un élégant peloton de cavalerie ferme la marche. Emma Desgranges en toilette rose a fort bonne grâce sur sa haquenée, et le lieutenant Roger est superbe sur son palefroi, à qui une mignonne marchande de ruban ne craint pas d'aller attacher une bouffette d'honneur.

Derrière eux j'aperçois Jacques Germond en train de converser avec un autre superbe militaire, le lieutenant Henri, frère d'armes de Roger. Bien campé, lui aussi, sur sa monture, le poing crânement appuyé sur la hanche, Jacques a la tête enfoncée dans un vaste chapeau à haute forme. Je soupçonne fort M. Jacques d'avoir dérobé là le couvre-chef de son papa, afin de se grandir aux yeux de ses camarades et se donner plus de prestige. N'est-ce pas, Jacques ?

Mais quel est ce cheval qui hennit et se démène si fort ? C'est *Soliman*, l'intrépide coureur de l'écurie de Lignières. André Desgranges ayant eu la gentillesse et l'imprudence de flatter du plat de la main la croupe du fougueux animal, celui-ci prit mal la chose et décocha à notre ami une ruade, dont par bonheur André eut le temps de se garer. En vain Félix de Lignières s'efforce de maîtriser sa bête, elle lui échappe, et, malgré ses cris et ses appels, part à fond de train, court ventre à terre, jusqu'à ce qu'une terrible culbute vienne mettre fin à la folle escapade.

De toutes parts on accourt pour relever *Soliman*; mais, dans sa chute, l'infortuné s'est brisé la patte. Pour la lui raccommoder, il faut aller quérir le vétérinaire, et ne pas oublier surtout le pot de colle forte.

« Ce sont surtout les clowns qui m'ont amusé ! dit André à sa sœur Emma, comme elle lui demandait des détails sur la représentation du cirque où il était allé la veille, et dont, hélas ! elle avait été privée par punition.... Elle n'est pas toujours sage, Mlle Emma.

— Oh ! raconte ! raconte !

— Mais c'est que je vais infailliblement t'inspirer des regrets et renouveler ta peine, et je crains, ma pauvre petite sœur....

— Tant pis !

— Et puis il y en a tant, j'en ai tant vu hier, de clowns, qu'ils finissent par se confondre dans ma mémoire et que j'aurais bien de la peine à te les décrire tous.

Les deux premiers — je les vois encore arriver sur la piste — avaient de larges pantalons bouffant comme des jupes et de microscopiques chapeaux à haute forme.

Ces deux clowns se sont mis à pincer de la guitare, tandis qu'un autre accourait en jouant de l'accordéon et faisant toutes sortes de cabrioles, et qu'un quatrième soufflait dans une espèce de grande clarinette qui lançait de l'eau ainsi qu'une seringue. Puis voilà que les joueurs de guitare remplacent leurs instruments par des violons, et, tout en manœuvrant l'archet, jonglent de la tête...

— Comment, de la tête?

— Oui, ils se renvoyaient un gros ballon de l'un à l'autre à coups de tête!

— Et sans quitter leurs violons? Comme ils devaient mal jouer!

— Mais non, je t'assure, ils ne jouaient pas mal du tout et allaient surtout très bien en mesure. C'était plaisir de les entendre : tout le monde était émerveillé et les applaudissait à tour de bras. Soudain deux nouveaux clowns accourent en se querellant. On échange les cartes, un duel est décidé, et les deux adversaires, armés de pistolets, tirent... Pan ! pan ! une double détonation qui les fait choir tous les deux à la renverse. Mais, comme ils ne sont que « morts de peur », ils ne tardent pas à ressusciter, et une vigoureuse poignée de main atteste la joie qu'ils éprouvent de se retrouver vivants.

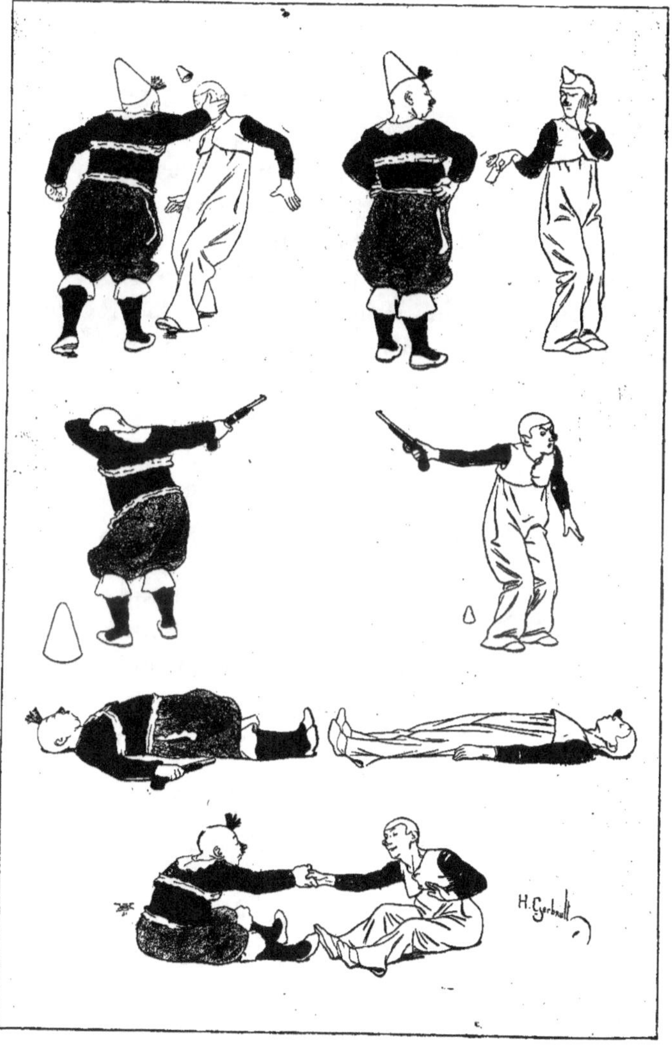

Et la chasse au papillon ! Un clown coiffé d'un chapeau en éteignoir tient un long fouet au bout duquel se balance un papillon, un superbe papillon jaune d'or, rayé de bleu. En apercevant ce papillon posé à terre, le clown semble d'abord fort surpris. Bien entendu, il ne se doute pas que le papillon est attaché à son fouet. Il essaie de s'en emparer, et, pour cela, ne trouve rien de mieux que de se servir de son chapeau comme d'un filet. Il s'avance à pas de loup, tout doucement, se baisse, s'agenouille..... Le voilà tout près du but.... Mais, au moment même de poser l'éteignoir sur le brillant papillon, il ne prend pas garde à son fouet, il le retire brusquement, et, crac ! la bête s'envole et va se poser plus loin.

— C'était un nigaud, ton clown ! Conviens-en toi-même : il aurait bien dû s'apercevoir, puisque le papillon suivait tous les mouvements du fouet, qu'il était fixé au bout, remarque très judicieusement Emma.

— Non, il n'y pensait pas, ne soupçonnait rien. Aussi fallait-il voir, continue André, quelle mine à la fois étonnée et piteuse il avait, le pauvre clown, agenouillé entre son bonnet pointu et le coquin de papillon ! Il ne revenait pas de sa stupeur, et plus il se montrait ahuri et consterné, plus les spectateurs se tordaient de rire et se moquaient de lui.

— Il le méritait bien ! On n'est pas niais à ce point !

— C'est ce qu'a pensé sans doute un autre clown, vêtu d'un habit noir et cravaté de blanc, celui-là, un « Monsieur Auguste », qui est venu, d'un air majestueux et courroucé, chasser ce confrère par trop naïf et borné. « Allez, allez, Monsieur ! semblait-il

lui crier en fronçant les sourcils et en le menaçant de sa canne. Allez ! Sortez d'ici ! Vous êtes la honte et le déshonneur de notre corporation ! »

Et M. Auguste se tournait ensuite vers l'assistance comme pour la prendre à témoin de la sottise de son camarade.

Tout à coup
tôt un nouveau
portant jupe
Il nous
va faire, et qu'il a encore
gereuses, de certaines pré
au milieu du corps. Cette
à une potence plantée
même. Le clown-
cheval qu'on lui
redouble son ta
clown, qui es
tomber, on

une écuyère apparaît, ou plu-
clown déguisé en écuyère,
courte et fleurs dans les cheveux.
avertit que ce sont ses débuts qu'il
besoin, pour éviter les chutes dan-
cautions. On lui attache une corde
corde, par son autre extrémité, est fixée
au centre de la piste et qui tourne sur elle-
écuyère se hisse tant bien que mal sur le
amène, et, en même temps que l'orchestre
page, la course commence. Chaque fois que le
saye de se mettre debout sur sa bête, menace de
tire fortement sur la corde et l'on voit l'écuyère
improvisée s'enlever dans les airs.

— Oh! comme cela devait être amusant ! interrompt Emma en battant des mains.

— Amusant pour ceux qui la regardaient, mais pour elle, non !

— Elle criait ?

— De toutes ses forces! Et elle se remuait, se tordait, se balançait au bout de sa corde.... C'était le plus curieux spectacle qu'on puisse imaginer!

— Quel malheur que maman ne m'ait pas emmenée! Oh!! Mais achève, André. Qu'y avait-il encore?

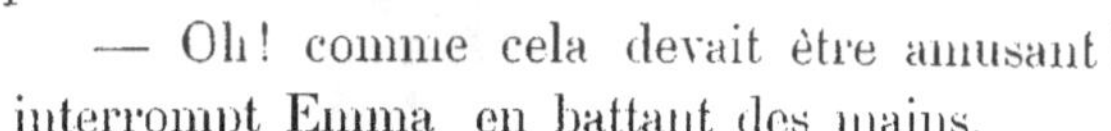

— Une autre scène bien amusante, c'est celle de la chaise renversée. Un clown s'assoit sur les pieds de cette chaise, qui est couchée et forme banc, et il invite son confrère, le même M. Auguste que nous avons vu tout à l'heure si indigné de la sottise d'autrui, à prendre place à sa gauche. Cette place, la seule disponible, est fournie par le dossier de la chaise.

« Quand le clown vient à se lever, naturellement la chaise bascule, et Auguste se trouve assis par terre.

— Après avoir éprouvé une légère secousse, ajoute Emma.

— Oui, une secousse qui le rend tout ahuri. L'aventure suivante, reprend André, rappelle un épisode de la vie de Guillaume Tell, que tu connais comme moi : — la pomme placée sur la tête du fils de Tell et que le père doit abattre d'un coup de flèche. Ici M. Tell fils, dès que son papa a le dos tourné, commence par faire avec ses dents une bonne brèche dans la pomme, qu'il replace aussitôt sur sa tête, et, au lieu d'un arc ou d'une arbalète, c'est un fusil; un

étrange fusil, comme je n'en avais jamais vu, un fusil *à eau*, que M. Guillaume Tell père emploie et avec lequel il canarde Monsieur son fils.

****

Des cris d'épouvante, des appels au secours retentissent soudain, et l'on voit se précipiter dans l'arène et courir éperdument en tous sens une troupe de clowns. Un taureau furibond les poursuit. Il finit par acculer un des clowns et le menacer de ses cornes, dont heureusement les pointes sont garnies de bourrelets. Il mugit effroyablement, ce taureau, son œil jette des flammes, sa queue bat ses flancs à coups redoublés. L'infortuné clown

tremble de tous ses membres. Il réussit à s'échapper cependant ; le taureau se lance aussitôt sur ses pas ; mais, lorsqu'il fait volte-face, on remarque que ses deux pattes de derrière sont des jambes d'homme....

— Des jambes d'homme ?

— Oui. Comme à peu près dans la fable *l'Ane vêtu de la peau du Lion*, que l'on m'a fait réciter l'autre soir chez grand-père. Tu te souviens ? L'âne, en s'affublant de cette peau, a laissé, par malheur, échapper un petit bout d'oreille, qui sert à découvrir « la fourbe et l'erreur ». Ici ce sont les jambes et les pieds qui trahissent le coupable, je veux dire le clown, qui, pour jouer à ses camarades un tour de sa façon, s'est revêtu de cette peau de taureau.

— C'était en effet une bien drôle de farce, et tout cela devait être fort curieux à voir, repartit Emma. Ah ! comme je regrette !... Mais je m'en vais être bien sage, afin que maman me conduise au cirque jeudi prochain, ainsi qu'elle me l'a promis. »

LE Théâtre fantastique

Les amis d'André Desgranges avaient été fidèles à l'invitation qu'il leur avait adressée pour assister à une séance de prestidigitation.

Quand ils eurent pris place autour de l'estrade, le *professeur* André commença en ces termes :

« Mesdemoiselles, Messieurs, les tours que je vais avoir l'honneur d'exécuter devant vous sont, comme vous pourrez en juger, aussi variés que surprenants. Bien que choisis, pour ainsi dire, au hasard dans mon vaste réper-toire.....

— Monsieur le professeur, murmura l'es-piègle Lucile, si vous nous faisiez grâce de votre... boniment ?

— Boniment, soit ! Je vous obéis, Mademoiselle, je cède à votre légitime impatience. Passons donc au premier « numéro » de notre programme, la *Casserole merveilleuse.* Un de ces messieurs aurait-il l'extrême obligeance de me confier son chapeau, un chapeau à haute forme... Vous n'en avez pas ? Eh bien, voici heureusement celui de papa, qui remplira bien l'office que j'en attends....

Je vous prie de constater, Mesdemoiselles et Messieurs, que ce chapeau est en bon état. Voyez vous-mêmes,... car il n'y a rien de truqué chez nous. »

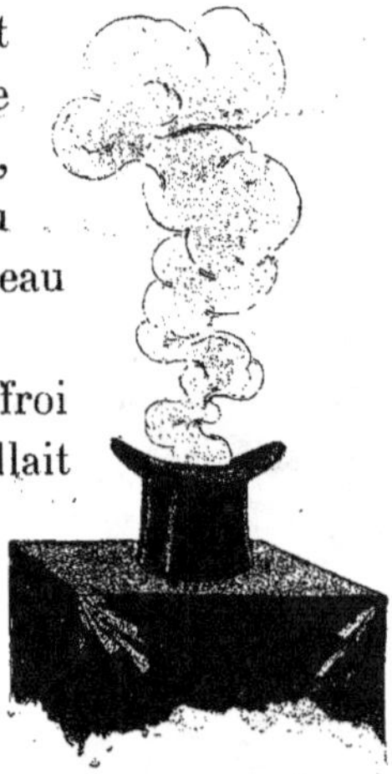

Et, au moment même où il émettait cette solennelle affirmation, André faisait disparaître le chapeau devant lui, dans l'intérieur de la table « truquée », et en prenait un autre caché d'avance à cette place, et au fond duquel un peu d'alcool avait été versé dans un plateau de zinc.

Il mit le feu à cet alcool, ce qui fit pousser des cris d'effroi à toute l'assemblée, convaincue que le chapeau allait flamber; puis, saisissant une haute casserole, il la plaça sur l'ouverture du chapeau.

— Désirez-vous une gibelotte, ou bien préférez-vous un lapin tout vivant ?

— Tout vivant ! Tout vivant ! cria-t-on en chœur.

— Voilà, Mesdemoiselles et Messieurs ! Voilà le lapin demandé, lapin blanc tout vivant ! » repartit André en extirpant de la casserole le pauvre quadrupède qui ne devait sans doute pas y être fort à son aise et aurait de beaucoup préféré gambader dans un carré de choux.

« A un autre exercice maintenant! Voici un jeu de cartes : voudriez-vous en choisir une, mademoiselle ? »

Lucile tira l'as de carreau, qu'elle remit aussitôt à notre prestidigitateur, et qu'il replaça, non pas dans le jeu, mais à la fin ; puis il fit semblant de battre les cartes, mais en ayant bien soin de ne pas toucher à la dernière.

Il prit ensuite un bouquet derrière lui, un bouquet à ressort, y glissa la susdite carte, et, s'approchant de Lucile assise au premier rang :

« C'est au milieu de ces fleurs, Mademoiselle, que se trouve la carte que vous avez choisie. Tenez! Psst!... La voilà! »

Et, poussant le ressort dissimulé dans la queue du bouquet artificiel, il fit surgir au-dessus des fleurs l'as de carreau.

« Oh! belle malice! se récria Lucile. Je vous ai bien vu ne pas mélanger les cartes, puis glisser celle-ci....

— Mademoiselle, s'empressa d'interrompre André, qui jugeait la remarque plus qu'indiscrète, puisque vous possédez si bonne vue et témoignez tant d'attention, permettez-moi de vous confier cet éventail.... »

Puis, comme Lucile commençait à s'éventer et murmurait : « Ah! quel bon petit vent frais!...

— Pardon, Mademoiselle, dit André; mais, si je ne bats pas bien les cartes, vous avez, vous, une singulière façon de vous servir des éventails. Regardez dans quel état vous avez mis le mien!

— Oh!!! s'exclama Lucile à l'aspect de l'éventail dont toutes les lames étaient décollées et disjointes. Ce n'est cependant pas ma faute.,... »

Mais Simonne avait surpris la disposition particulière de cet éventail : les lames ou feuilles n'étaient réunies les unes aux autres que d'un seul et même côté; de l'autre, elles étaient indépendantes; en sorte que, en ouvrant l'éventail de droite à gauche, il paraissait être en fort bonne condition, et, au contraire, en le manœuvrant de gauche à droite, il semblait tout disloqué.

« Mesdemoiselles et Messieurs, s'écria le professeur André, nous allons guillotiner le personnage que vous voyez là,... un grand coupable... »

Et, s'armant d'un long coutelas, André trancha la tête du condamné. Puis il la saisit et l'enferma dans une caisse. Contemplant ensuite M. Pierrot décapité, il fut pris d'attendrissement....

«Je ne sais, Mesdemoiselles et Messieurs, mais j'éprouve un remords.... Il n'était peut-être pas aussi coupable que nous le pensions, M. Pierrot.

J'ai bien envie d'essayer de le ressusciter, de lui recoller sa tête.... Je vais souffler sur la caisse, et aussitôt vous verrez la tête de Pierrot venir se replacer sur ses épaules....

— Monsieur le magicien, interrompit Mlle Lucile — qui avait toujours de si bons yeux,

— est-ce que votre Pierrot n'aurait pas une tête repliée dans le haut du dos, une tête qui se baisse ou se relève à volonté?...

— Vous voyez cette balle, Mesdemoiselles et Messieurs? Il s'agit, reprit notre magicien sans s'occuper de l'interruption de Lucile, de la faire entrer dans cette cage de verre, hermétiquement close. Tenez : une, deux, trois.... Elle y est ! »

Effectivement la balle venait d'apparaître entre les panneaux de verre de la cage.

« Il me semble bien, dit Gaston, que tu as poussé un ressort à la partie inférieure de la cage, et qu'il y avait là une balle cachée, et aplatie, qui s'est redressée !

— Et celle qu'il tenait à la main, il l'a fait disparaître dans la table,... là ! Je m'en suis aperçue », affirma Simonne.

Mais André s'était de nouveau emparé du chapeau à haute forme de son père et s'était mis à en extraire une interminable guirlande de papier.

« Voyez, Mesdemoiselles et Messieurs ! Voyez ! C'est un vrai bazar que mon chapeau ! » Il contient même des objets qu'on ne s'attendrait guère à y trouver ! Tenez ! »

Et, en disant cela, il fit brusquement jaillir du chapeau un cierge de papier qu'il tenait par la mèche, et allongeait à sa volonté.

« J'en ferais bien autant ! dit Lucile, qui avait remarqué que les anneaux de la guirlande se repliaient sur eux-mêmes, comme un soufflet d'accordéon; il y a des rouleaux de papier dans le chapeau, et il suffit de tirer l'extrémité d'un de ces rouleaux....

— Nous allons passer maintenant, Mesdemoiselles et Messieurs, à une de mes créations les plus originales, par laquelle je m'efforcerai de clore dignement cette séance. Vous m'attacherez sur ce banc aussi solidement que possible. Je serai absolument seul dans l'intérieur du paravent que voici. Par surcroît de précaution, je vous conseillerai même de cacheter à la cire les nœuds de votre corde. Si étroitement ficelé que je sois, vous

entendrez résonner ce tambour renfermé avec moi....

— Eh bien, je me charge de l'attacher, moi ! s'écria Lucile en se précipitant sur l'estrade. Attends ! Attends ! Si tu bouges à présent, tu seras bien malin ! »

A peine avait-elle refermé le paravent, qu'une éclatante et victorieuse batterie de tambour se répercuta dans toute la maison.

« Allons voir ! Allons voir ! » dit Lucile.

Mais le paravent s'ouvrit soudain de lui-même, et André apparut debout, la corde à ses pieds, les baguettes à la main et le tambour en sautoir.

Pour le coup, personne, pas même Lucile, ne trouvait d'explication à fournir.

Et tous de se presser autour d'André, et de le prier, de l'implorer de leur donner la clef de ce mystère.

« Comment fais-tu ? Dis ? Comment ?... »

En véritable artiste, le professeur André se refusa absolument à trahir le secret professionnel. Il fallut que Mlles Lucile et Simonne s'avisassent d'aller inspecter le banc sur lequel notre magicien s'était assis : il se montait très facilement, ce banc, la tablette formant siège se séparait sans peine des pieds, et, par conséquent, les liens qu'on y fixait s'en allaient avec elle. »

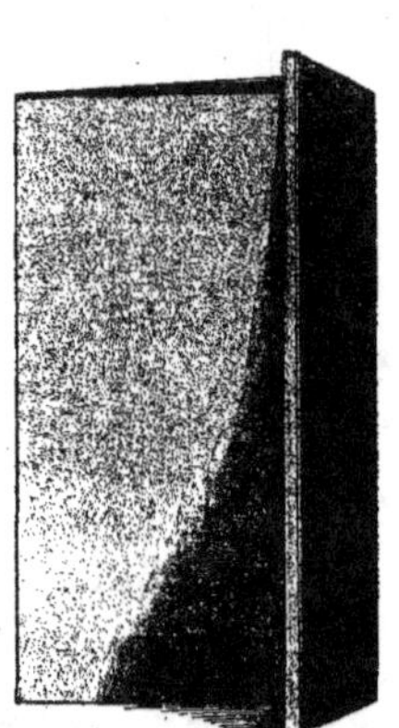

Ainsi se termina la première représentation donnée par le professeur André sur le Grand Théâtre Fantastique.